S 16

Gina Lippert

STILLE ZEIT
WORKBOOK

www.stille-zeit.de

STILLE ZEIT
WORKBOOK

Copyright © 2015 Gina Lippert
Meeting Jesus
Postfach 12 02 53
38420 Wolfsburg

ISBN 978-3-00-051851-5

Texte
Gina Lippert

Lektorat
Gerhard Lenz

Konzept, Design und Illustration
DD.KONZEPT Design und Kommunikation
Wolfsburg, Deutschland

Druck
ROCO Druck GmbH
Wolfenbüttel, Deutschland

Finanzierung
Crowdfunding über
Startnext Crowdfunding GmbH

Die Bibelzitate in diesem Buch sind folgenden Übersetzungen entnommen
Lutherbibel, revidierter Text 1984, durchgesehene Ausgabe in neuer Rechtschreibung. © 1999 Deutsche Bibelgesellschaft Stuttgart (LUT). // Neues Leben. Die Bibel. © 2002 & 2006 SCM R.Brockhaus im SCM-Verlag GmbH & Co. KG, Witten (NLB) // Gute Nachricht Bibel, durchgesehene Ausgabe, © 2000 Deutsche Bibelgesellschaft, Stuttgart. // Die Bibelstellen sind der Übersetzung Hoffnung für alle® entnommen, Copyright © 1983, 1996, 2002, 2015 by Biblica, Inc.®. Verwendet mit freundlicher Genehmigung des Herausgebers Fontis – Brunnen Basel. Copyright 2009 Pattloch Verlag GmbH & Co. KG, München.

Fotos
Thomas Koschel (tk-foto-design.de)
Denise Jambor (denise-jambor.com)
Ollyy/Shutterstock.com
Westend61/fotolia.com
Blend Images/fotolia.com
toshket/fotolia.com
cunaplus/fotolia.com
Eugenio Marongiu/fotolia.com
Blend Images/fotolia.com
chamillew/fotolia.com
olly/fotolia.com
Westend61/fotolia.com
ViewApart /fotolia.com
ipopba/fotolia.com

gottes zusage

Gott hat allem auf dieser Welt schon im Voraus seine Zeit bestimmt, er hat sogar die Ewigkeit in die Herzen der Menschen gelegt. Aber sie sind nicht in der Lage, das Ausmaß des Wirkens Gottes zu erkennen; sie durchschauen weder, wo es beginnt, noch, wo es endet. Dadurch wurde mir klar, dass es das Beste für den Menschen ist, sich zu freuen und das zu genießen, was er hat. Denn es ist ein Geschenk Gottes, wenn jemand isst und trinkt und sich über die Früchte seiner Arbeit freuen kann.
(Prediger 3, 11–13)

das
erwartet
dich

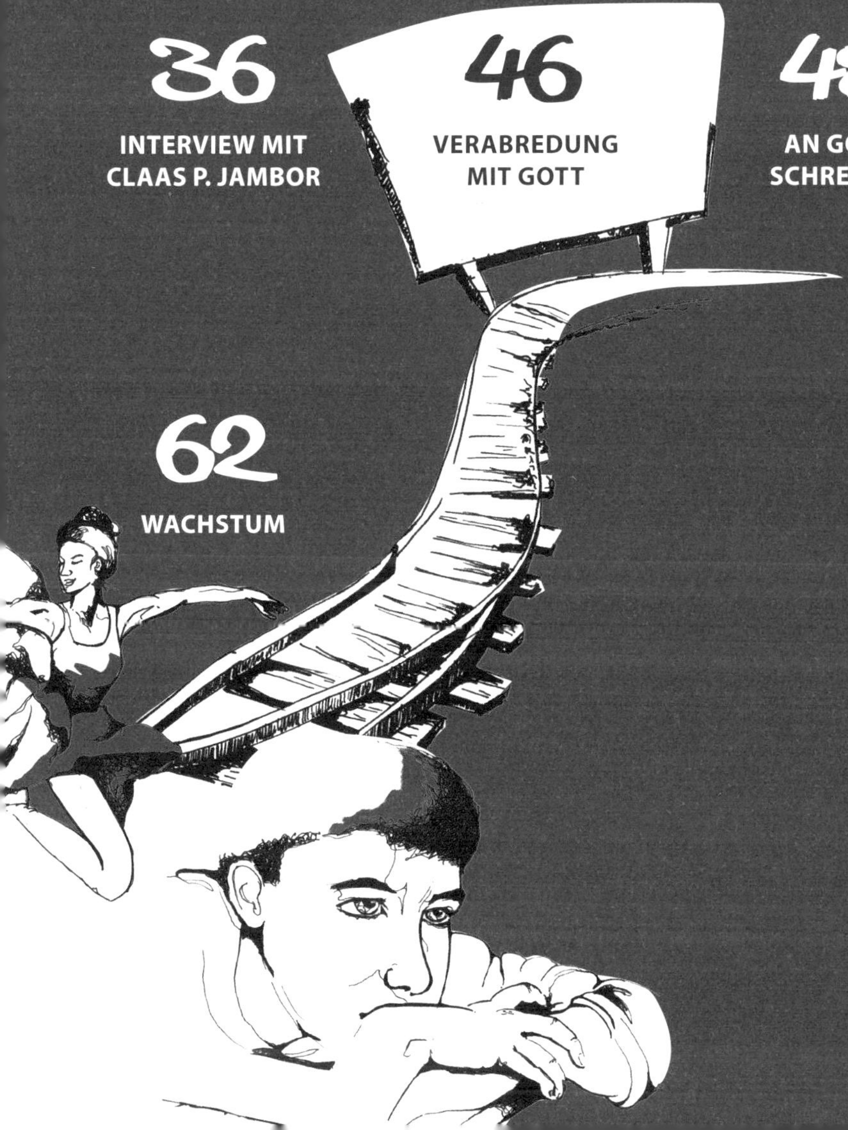

WOW

du hältst buch ! tatsächlich dieses in deinen händen

Ein gottgewolltes Buch. Ein Buch, wofür ich nur sein Werkzeug war. Was mich da so sicher macht? Ich bin mitgegangen und schaute zu, was Gott für dich gestalten wollte. Nun ist es fertig und liegt in deinen Händen. Ich hoffe, du lässt dich genauso von ihm mitreißen und begeistern wie ich.

EIN WUNDER hatte Gott mit diesem Buch vor. Wieso? Das erzähle ich dir jetzt: Stille Zeit war irgendwann ein Thema in meinem Glaubensleben. Als ich Gott kennenlernte und mit ihm reden wollte, sagte man mir, dass ich beten muss. OK. Aber wie? Die Antwort begrenzte sich meist auf:

„Schließe die Augen, falte deine Hände und rede mit ihm."

OK. Vielleicht können das viele und haben eine sehr erfüllte Beziehung mit Gott, das ist wirklich cool. Doch ich merkte für mich schnell, dass ich mich sehr unwohl fühlte. Ich betete sehr wenig bis gar nicht, weil ich mit der Art, wie ich zu Gott reden sollte, nicht klarkam. Und nun? Kann ich dann keine Beziehung zu Gott führen?

Doch, ich kann! Ich musste nur heraufinden wie. Mit welcher Art komme ich zurecht, um eine erfüllende Beziehung mit Gott haben zu können? Die Suche begann und ich teilte meine Ergebnisse und Erfahrungen mit der Welt des WWW. Denn auf meinem Blog meetingjesus.de schrieb ich auf, welche Möglichkeiten ich fand, um mit Gott reden zu können.

projekt erfolgreich

ERSTAUNT stellte ich fest, dass viele Leute die Suche mit mir teilten. Anscheinend war nicht nur ich auf der Suche, wie man Gott begegnen kann. Gott legte mir die Idee ins Herz, etwas zu erschaffen, womit vor allem Jugendliche arbeiten und lernen können, dass Gott vielfältig ist und sich nicht auf nur eine Art beschränkt. Das Buch war zuerst als eine Art Zeitschrift gedacht.

Viele Ideen standen im Raum. Es war ein Prozess und Gott zeigte uns genau, was und wie er es haben wollte. Es sollt kein Buch sein, welches Du nur liest und anschließend im Regal verstauben lässt. Gott wollte, dass es ein Arbeitsmittel wird. Ein Buch, womit Du arbeitest und kreativ sein kannst. Und ich hoffe, dass ich genau das für dich umsetzen konnte.

DIE LETZTEN 50 TAGE sollten dann zeigen, ob Gott das Buch wirklich will. Denn die Finanzierung des Buches gestalteten wir durch Crowdfunding über Startnext. So konnten die Leute quasi entscheiden, ob dieses Buch erscheinen soll. Wir gingen durch verschiedene Gefühlswelten. Von total motiviert, Freude, „aufgeregt sein" und Begeisterung bis hin zu Trauer, Verzweiflung, Demotivation und Missmut. Es war ein Rennen gegen die Zeit. Es gab einige, die mehr an das Buch glaubten als ich. Aber viele redeten mir auch bis zum Schluss ein, dass das nichts mehr werden kann. Ja, auch ich zweifelte menschlich gesehen, ob das noch klappen würde. Aber ich hatte eine leise Hoffnung und konterte immer wieder mit Jesu Worten. Denn er sprach:

Bei Menschen ist's unmöglich. Aber bei Gott sind alle Dinge möglich (vgl. Matthäus 19, 26)

Gott kann Wunder vollbringen, auch noch heute. Als viele schon nicht mehr dran glaubten, schenkte Gott uns eine Offline-Spende, die in den letzten Stunden reinkam und somit das Buch erfolgreich finanzierte. Dies und viele weitere Faktoren lassen mich glauben, dass dieses Buch, welches du gerade in den Händen hältst, ein gottgewolltes Buch ist. Gott tut Wunder. Dieses Buch ist ein Wunder. Es ist ein Geschenk von Gott. Ein Geschenk für mich und hoffentlich auch ein Geschenk für dich.

Ich wünsche mir für dich, dass dich dieses Buch ermutigt, dich berührt und dass du deine Art findest, wie du Gott begegnen kannst. Lass dich stärken, eine erfüllende Beziehung mit Gott zu finden. Ich wünsche dir viel Freude dabei.

Liebe Grüße,
Gina Lippert

probier das hier:
samuel harfst „privileg"

bei gott
sind alle
mög

dinge
glich

Matthäus 19, 26

langewe

Ich möchte mich in diesem Buch mit dem Thema Stille Zeit auseinandersetzen und euch auf diese Reise mitnehmen.

Ich dachte immer, wenn es um Stille Zeit geht, muss ich in meinen vier Wänden artig und Hände faltend betend auf dem Sofa sitzen, still sein und Bibel lesen. Wenn ich daran nur dachte, stürzte sich gleich eine Portion Langeweile und gähnende Leere über mich. Ein Grund für mich, die Stille Zeit immer zu verdrängen. Doch nun will ich mich diesem Thema stellen und herausfinden, was Stille Zeit eigentlich zu bedeuten hat und wie man seine eigene Art der Stillen Zeit finden kann. Seid ihr dabei?

Gut… dann aufgepasst!

In der stillen Zeit sollten wir als ganzer Mensch vor Gott kommen. Das bedeutet mit allem, was zu uns gehört: Gedanken und Gefühle, Körper, Seele und Geist. Es gibt viele Arten, wie man seine Stille Zeit gestalten kann. Wichtig ist aber, dass jeder eine andere tiefe Begegnung mit Gott hat.

Also wenn du mit einer Art Stille Zeit zu halten nicht klarkommst, ist es nicht schlimm, solange du deine eigene Art gefunden hast. Schließlich führt dich eine intensive Begegnung näher zu Gott. Wie er dir begegnet, ist immer wieder eine spannende Sache.

Also mach dich auf die Reise.

denk mal über folgende fragen nach...

Warum möchte ich Zeit mit Gott verbringen?

weil ich ihm ganz nahe sein möchte

Denke ich, dass Stille Zeit eine Art Pflicht ist, welche andere von mir als Christ erwarten?

☐ Ja   ☒ Nein

Ist Gott böse auf mich, wenn ich keine Stille Zeit habe bzw. halte?

☐ Ja   ☒ Nein

Will ich überhaupt Zeit mit Gott verbringen?

☒ Ja   ☐ Nein

gott begegnen

Welche Möglichkeiten gibt es, Gott zu begegnen, wenn in dir eine gähnende Leere herrscht? Es macht keinen Sinn, krampfhaft täglich Stille Zeit zu halten. Das Ergebnis wäre eben diese gähnende Leere in dir oder du hättest schon bald den Inhalt wieder vergessen. Fühlst du dich so? Dann versuche mal folgendes:

★ Erzähle Gott, wie es dir gerade geht. Er freut sich darüber, wenn du mit ihm sprichst.

★ Bitte Gott drum, dich still werden zu lassen.

★ Denke nicht, dass du stille Zeit machen musst! Befrei dich davon. Du bist deswegen kein schlechter Christ. Du musst dich nicht zwingen stille Zeit zu machen, denn Gott sehnt sich nach dir, so wie du bist.

★ Höre auf dich und dein Herz und vor allem auf Gott.

★ Versuche dir mal klar zu machen, was du eigentlich von Gott erwartest.

Jesus fragt in Markus 10, 51:
„Was willst du, dass ich für dich tun soll?"

Und was willst du, was Jesus für dich tun soll? Wenn du das weißt, dann sag es Gott doch einfach und sei nicht überrascht, wenn etwas passiert.

1) daß ER mich nie verlasst

2) daß ich nicht über Christoph lebe sondern „meins" mache. Da brauche ich Jesu Hilfe

3) Daß ER Christoph u. David beschirtzt und behütet (und alle Hände) und daß wir uns alle im Himmel wieder sehen

Welche Erfahrungen hast du bisher gemacht?

Ich möchte euis mit Gott verabreden (ich muß euicht!)

Wie gestaltest du deine Stille Zeit?

Morgens aaa Hundespaziergan
gleich ich mein Zimmer zu mit
Gott sprechen

probier das hier:
johannes hartl
"stille zeit tutorial"

18

die rolle von ort & zeit

Es gibt Menschen, die regelmäßig zu einer bestimmten Tageszeit Stille Zeit halten. Dennoch ist dies kein Muss, sondern eher eine Hilfe für viele Menschen.

Für den einen ist morgens vor dem Start in den Alltag die beste Zeit, Gott zu begegnen. Für den anderen dann doch eher nach der Arbeit, der Schule oder dem Studium. Es muss aber auch nicht jeden Tag sein. Du hast auch die Möglichkeit, dich beispielsweise einmal pro Woche mit Gott zu verabreden.

Es ist ganz allein dir überlassen, wann genau du deine Stille Zeit mit Gott einplanst, vorausgesetzt, du planst deine Stille Zeit. Denn wenn man nicht plant, verschiebt man es doch gerne mal auf morgen...!

Der Ort, wo du Gott begegnen möchtest, ist ebenfalls ganz dir überlassen. Es gibt keinen festen Platz, indem du nur „dort" Gott begegnen kannst. Gott ist überall. Wichtig bei deiner Ortssuche sollte nur sein, dass es dein ganz persönlicher Ort wird. Du solltest darauf achten, an diesem Ort wenig Ablenkung zu haben. Denn jegliche Ablenkung erschwert es dir, die Stille Zeit wahrzunehmen. Du solltest lediglich deine Bibel, einen Zettel und einen Stift dabeihaben.

bibel lesen

Eine Grundlage der Stillen Zeit ist natürlich das Lesen der Bibel. Das alles in einem durchzulesen, könnte für den einen oder anderen ziemlich anstrengend sein, deshalb gibt es einige Hilfen, wie man die Bibel lesen könnte. Ich benutze zum Beispiel immer einen Bibelleseplan, dieser führt einen von Tag zu Tag durch die Bibel. Beispiele dafür wären „Lichtstrahlen", „Leben ist mehr" oder „Start in den Tag".

lichtstrahlen

leben ist mehr

start in den tag

Eine andere Möglichkeit wäre eine Jahresbibel, diese leitet dich ein ganzes Jahr durch die Bibel.

hier findest du ein paar beispiele

Bevor ich mit der Bibellese angefangen hatte, benutzte ich eine andere Methode: Ich las jeden Tag einen Abschnitt oder ein Kapitel in der Bibel. Vielleicht ist das auch eine Möglichkeit für dich?

Ich für mich stellte nur fest, dass ich es öfter einfach auf morgen verschob, deshalb wechselte ich auf einen Bibelleseplan, denn so hatte ich quasi immer ein Plan, das half mir. Noch eine Möglichkeit wäre, sich zum Beispiel ein Buch aus der Bibel komplett durchzulesen. Für die Viel-Leser quasi. Ich habe das mal mit dem Buch Prediger gemacht und fand es ziemlich cool, dennoch könnte ich das nicht immer.

Eine letzte Möglichkeit, die ich vor kurzem entdeckt habe, ist die Bibel als Hörbuch. Für die Leute, die nicht so gern lesen, sondern lieber zuhören und entspannen wollen. Auch eine nette Sache, habe ich aber noch nicht ausprobiert.

bibel als hörbuch

Schau einfach für dich, mit welcher Möglichkeit du am besten klarkommst und dann behalt sie dir bei. Wichtig ist einfach, dass du dir klar markierst, welche Abschnitte oder Bücher du schon gelesen hast. Ich mache das zum Beispiel mit einem Textmarker. Immer wenn ich etwas gelesen habe, male ich das an. So ist meine Bibel irgendwann ganz bunt und dann weiß ich, dass ich sie durchgelesen habe. In manchen Bibeln gibt es auch vorne eine Art Inhaltsverzeichnis, dort kann man die Bücher, die man durchgelesen hat, auch anhaken. Wie du möchtest. Wenn mir Stellen wichtig werden, unterstreiche ich sie auch noch zusätzlich und schreibe meine Gedanken mit Bleistift an den Rand.

Also such dir einfach eine Methode, die dir am besten gefällt und dir am meisten Spaß macht. Welche Methode wendest du an?

Ich lese jetzt und die

Volx. Bibel, NT, durch

buntes
bibel lesen

Es funktioniert eigentlich ganz einfach. Alles, was du brauchst, sind Buntstifte und die Lust daran, dich mit deiner Bibel auseinanderzusetzen. Jede Farbe bekommt Kategorien und dann fängt man eigentlich schon an zu lesen. Nimm dir einfach einen Bibelabschnitt vor. Nach dem Lesen, gehst du Vers für Vers den Abschnitt durch und überlegst, welche Farbe dieser Vers bekommen könnte. Nach einer Weile hast du eine wunderschöne, bunte Bibel nach Kategorien sortiert.

Wenn dich dann jemand zum Beispiel etwas zu dem Thema Vergebung fragt, schlägst du deine Bibel auf, suchst nach der passenden Farbe und schon kannst du davon berichten und erklären, warum du diesen Text für geeignet hältst.

Mir gefällt dieses System wunderbar. Manchmal lese ich Bibelstellen, die einfach zu keiner Farbe passen, dann einfach eine neue Farbe wählen und eine neue Kategorie anlegen. So lässt sich das System immer wieder erweitern.

Am meisten Spaß macht es, wenn du mit einem Freund oder deiner Familie zusammen liest. Denn dann können prima Diskussionen entstehen, warum der eine nun diese und der andere jene Farbe wählen würde. Ich bin unglaublich begeistert davon und werde seitdem stets animiert, mehr in der Bibel zu lesen.

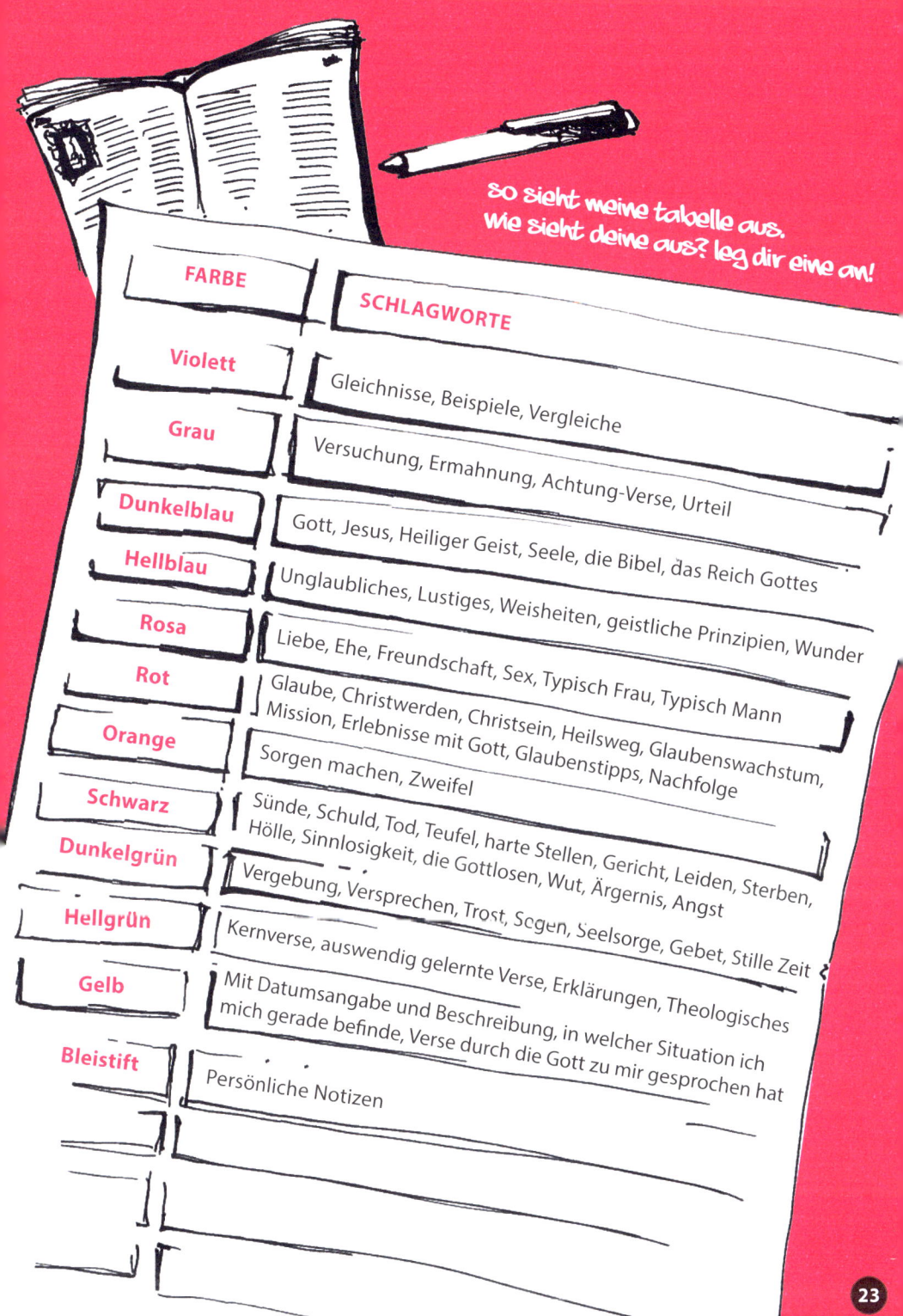

So sieht meine tabelle aus,
wie sieht deine aus? leg dir eine an!

FARBE	SCHLAGWORTE
Violett	Gleichnisse, Beispiele, Vergleiche
Grau	Versuchung, Ermahnung, Achtung-Verse, Urteil
Dunkelblau	Gott, Jesus, Heiliger Geist, Seele, die Bibel, das Reich Gottes
Hellblau	Unglaubliches, Lustiges, Weisheiten, geistliche Prinzipien, Wunder
Rosa	Liebe, Ehe, Freundschaft, Sex, Typisch Frau, Typisch Mann
Rot	Glaube, Christwerden, Christsein, Heilsweg, Glaubenswachstum, Mission, Erlebnisse mit Gott, Glaubenstipps, Nachfolge
Orange	Sorgen machen, Zweifel
Schwarz	Sünde, Schuld, Tod, Teufel, harte Stellen, Gericht, Leiden, Sterben, Hölle, Sinnlosigkeit, die Gottlosen, Wut, Ärgernis, Angst
Dunkelgrün	Vergebung, Versprechen, Trost, Segen, Seelsorge, Gebet, Stille Zeit
Hellgrün	Kernverse, auswendig gelernte Verse, Erklärungen, Theologisches
Gelb	Mit Datumsangabe und Beschreibung, in welcher Situation ich mich gerade befinde, Verse durch die Gott zu mir gesprochen hat
Bleistift	Persönliche Notizen

personen studium

Eine Art Stille Zeit zu machen, ist, sich intensiv mit einer Person der Bibel zu beschäftigen. Wie das aussehen könnte, möchte ich nun zeigen. Ich habe mir Nehemia für dieses Experiment ausgesucht.

FAMILIÄRER HINTERGRUND UND GESCHICHTE DER PERSON
Nehemia war Hebräer. Er wurde von gottergebenen Eltern aufgezogen.

BERUF
Nehemia war Mundschenk am Hof des persischen Königs. Er diente dem König und dem Staat und war ein enger Vertrauter des Königs.

BESCHREIBUNG DER PERSON SOWIE STÄRKEN UND SCHWÄCHEN

Nehemia erkennt Gott für sein Leben an. Er verfolgte seine Ziele mit voller Hingabe und großem Eifer. Nehemia zeigte sich strategisch, kreativ und konzentriert, wenn es darum ging, seine Aufgaben zu verfolgen. Er setzte sein volles Vertrauen auf Gott. Nehemia war sich immer bewusst, dass er für Gott arbeitete.

GESCHICHTE

Die Grundlage für das Buch Nehemia bestehen aus Schmerz und Herrlichkeit. In Persien beginnt die Geschichte. Gott brachte die Assyrer und Babylonier zur Züchtigung über das ungehorsame Volk. Die zehn Nordstämme wurden von den Assyrern verschleppt und in der ganzen Welt verstreut. Gott brachte die Babylonier dazu, Jerusalem in Schutt und Asche zu legen und es nahezu zu entvölkern. Anschließend lebte Gottes Volk 70 Jahre in Gefangenschaft.

KRISENSITUATIONEN UND DER UMGANG DAMIT

Einige hatten offensichtlich nicht mehr genug zu essen. Nahrungsmittelknappheit herrschte, da sie mit der Arbeit der Mauer beschäftigt waren und somit kein Getreide anbauen konnten.

Des Weiteren konnten sie zwar Getreide kaufen, mussten dafür aber Häuser und Felder verkaufen. Doch einige wollten ihren Besitz nicht verkaufen. Deshalb wurde Geld geliehen, um die Steuern bezahlen zu können. Damit sie die Schulden bezahlen konnten, verkauften sie ihre Kinder in die Sklaverei.

Diese Probleme brachten Unzufriedenheit in das Volk. Nehemia war tief erschüttert und wütend über diesen Zustand. Auf einer Gemeindeversammlung führt er den anderen deren Fehlverhalten vor. Die Leute sehen ihren Fehler ein und arbeiten weiter. Nehemia reagierte auf Probleme mit Trauer, Weinen und Gebet in tagelangem Fasten.

SEIN BEITRAG ZUM BAU VON GOTTES REICH

Gott wirkte durch Nehemia, indem er bei der Wiederherstellung der aus dem Exil ins verheißene Land zurückgekehrten jüdischen Nation eine Schlüsselposition einnahm. Er führte die dritte Welle von Rückkehrern nach Jerusalem, um die Stadtmauern wiederaufzubauen.

Gott ist treu

Gott hilft

Gott wirkt

Gott schenkt Freude

dinge, die man von nehemia lernt →

Gott ist furchterregend

Gott ist zu groß, um ihn begreifen zu können

Gott will eine Beziehung mit dem Menschen

Gott ist geduldig

Gott ist gnädig und barmherzig

Gott führt

Gott erhört Gebete

Gott beschützt

Wie gefällt di
Bibel intensiv

Hast du da

Das waren einige Eckpunkte aus dem Leben Nehemias und somit ein Beispiel, wie man sich mit einzelnen Personen der Bibel beschäftigen könnte. Empfehlenswert für solche ausführlichen Beschreibungen einer Person könnte ein Bibellexikon oder eine Konkordanz sein.

bibellexikon

konkordanz

Methode, sich mit einer Person in der beschäftigen?

bereits Erfahrungen gemacht?

personen studium

Ich habe es dir vorgemacht. Jetzt bist du dran!
Mit welcher Person möchtest du dich beschäftigen?

_____

_____

Familiärer Hintergrund und Geschichte der Person

_____

_____

_____

_____

Beruf _____

Beschreibung der Person, sowie Stärken und Schwächen

_____

_____

_____

_____

Geschichte _____

_____

_____

_____

Krisensituationen und der Umgang damit

_____

_____

_____

_____

Sein Beitrag zum Bau von Gottes Reich

_____

_____

_____

_____

Dinge, die man durch die Person von Gott lernt

_____

_____

_____

_____

hast du etwas in erfahrung bringen können?

Konntest du Gott begegnen? Es ist nicht schlimm, wenn du es nicht geschafft hast. Es geht hier nicht um Leistungen. Gott liebt dich, egal, ob du das hier ausgefüllt hast oder nicht! Wenn du es nicht ausfüllen konntest, zeigt es dir nur, dass es nicht unbedingt deine Art ist, Gott nahe zu sein. Also lass dich nicht ermutigen, sondern begib dich weiter auf die Reise und suche das, was dir liegt!

auseinandersetzen
mit bibel-
verse

Wie kann man sich am besten mit einem Bibelvers auseinandersetzen kann? Durch kreative Veranschaulichung und intensiver Beschäftigung verinnerlichen wir einen Vers schneller. Der ausgewählte Bibelvers bekommt somit Bedeutung in unserem Alltagsleben.

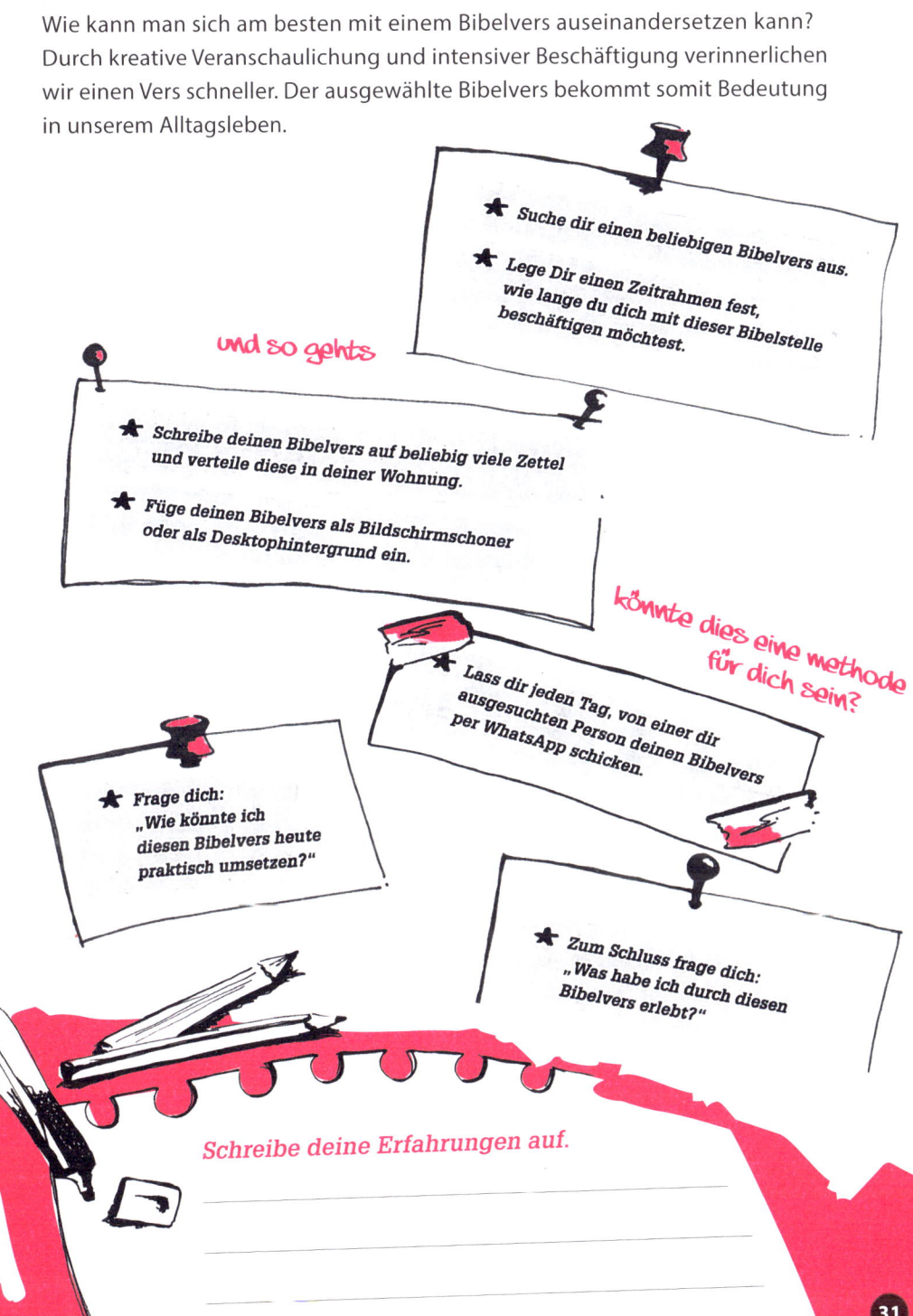

★ Suche dir einen beliebigen Bibelvers aus.

★ Lege Dir einen Zeitrahmen fest, wie lange du dich mit dieser Bibelstelle beschäftigen möchtest.

und so gehts

★ Schreibe deinen Bibelvers auf beliebig viele Zettel und verteile diese in deiner Wohnung.

★ Füge deinen Bibelvers als Bildschirmschoner oder als Desktophintergrund ein.

könnte dies eine methode für dich sein?

★ Lass dir jeden Tag, von einer dir ausgesuchten Person deinen Bibelvers per WhatsApp schicken.

★ Frage dich: „Wie könnte ich diesen Bibelvers heute praktisch umsetzen?"

★ Zum Schluss frage dich: „Was habe ich durch diesen Bibelvers erlebt?"

Schreibe deine Erfahrungen auf.

musik hilft

Oft beschäftige ich mich mit Musik. Denn wenn ich Musik höre oder singe, dann kann ich ganz besonders Gott nah sein. Das ist eine Methode, die mir sehr gut gefällt, denn dann kann ich ganz still werden. Deshalb möchte ich Dir Vorschläge geben, wie Du die Musik in deine Stille Zeit einbauen könntest.

★ Suche dir deinen persönlichen Ohrwurm aus

★ Höre dir das Lied bewusst an

★ Beschäftige dich mit dem Text

★ Verstehst du alles?

chris tomlin "our god"

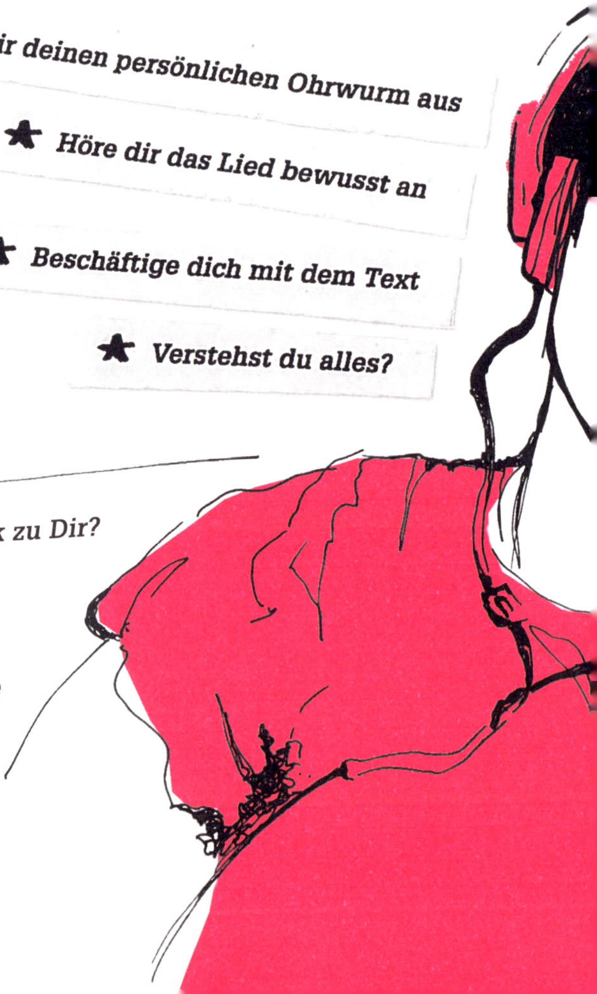

Spricht Gott durch Musik zu Dir?

☐ Ja   ☐ Nein

Gibt es Lieder, die deine Stille Zeit begleiten?

☐ Ja   ☐ Nein

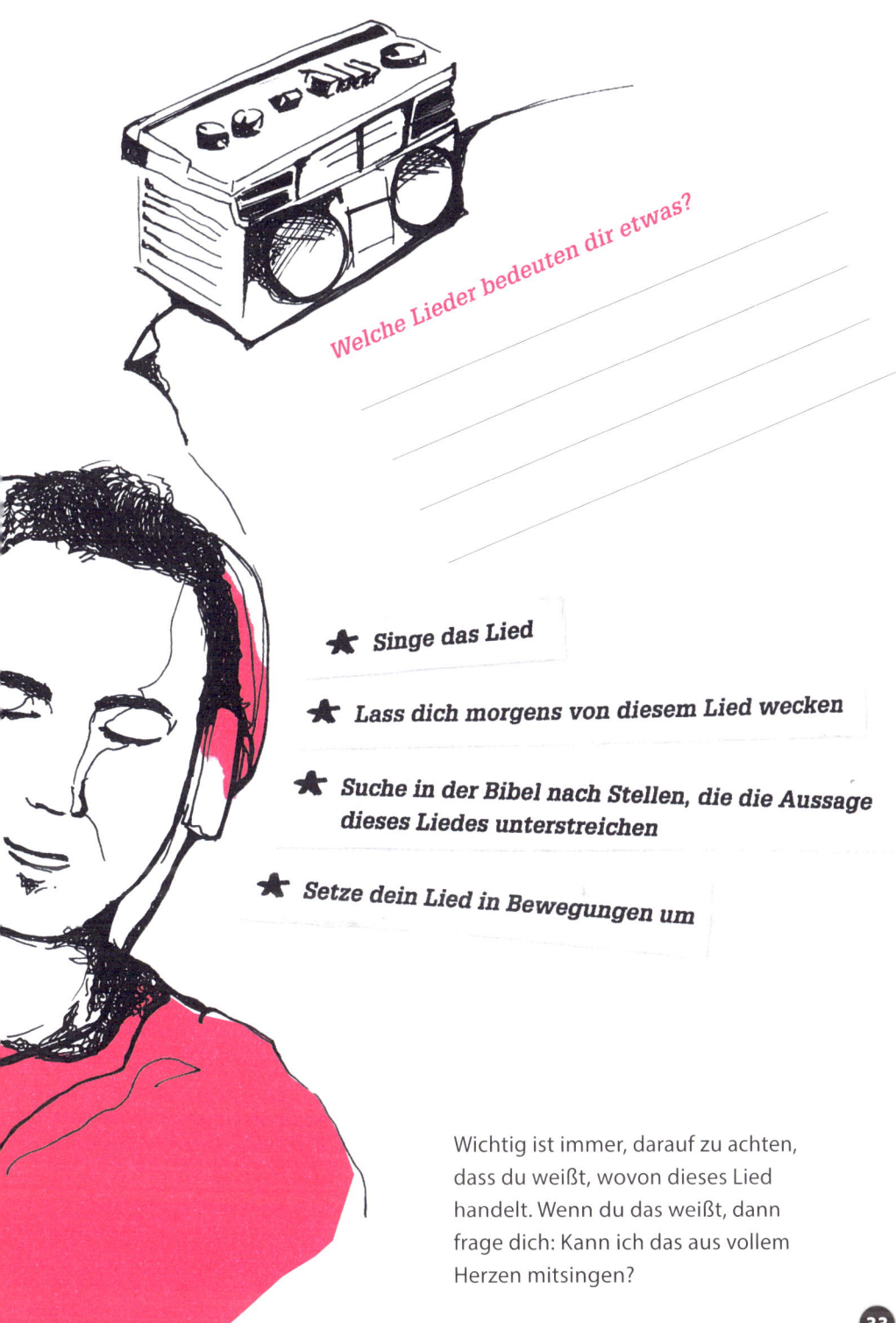

Welche Lieder bedeuten dir etwas?

⭐ **Singe das Lied**

⭐ **Lass dich morgens von diesem Lied wecken**

⭐ **Suche in der Bibel nach Stellen, die die Aussage dieses Liedes unterstreichen**

⭐ **Setze dein Lied in Bewegungen um**

Wichtig ist immer, darauf zu achten, dass du weißt, wovon dieses Lied handelt. Wenn du das weißt, dann frage dich: Kann ich das aus vollem Herzen mitsingen?

interview mit claas p. jambor

Claas ist ein mehrfach ausgezeichneter Singer/Songwriter. Mit seiner beeindruckenden Stimme bohrt er sich schnell in den Kopf seiner Zuhörer. Wir freuen uns riesig, mit Claas einen so guten Kontakt zu haben und dass wir mit Ihm für dieses Buch bereits 2012 ein Interview machen durften.

MACHST DU STILLE ZEIT?

Also für mich ist dieser Begriff total abstrakt. Ich glaube, es gibt kaum einen Begriff. Es gibt viele Begriffe, natürlich, aber es ist einer der Begriffe, mit dem am meisten Verdammnis fördernde Gesetzlichkeit hervorgebracht wurde als mit dem Begriff „Stille Zeit". Ich verbinde mit dem Begriff so viele verschiedene Konzepte, Regeln und Strömungen, dass ich es gar nicht mehr weiß, was mit den vielen Konzepten gemeint sein kann.

DAS HEISST DU MACHST NICHTS IN DER RICHTUNG? ODER BIST DU DAGEGEN, DASS VIELE DARAUS GESETZE MACHEN?

Ne, das heißt einfach nur „Stille Zeit" ist ja kein biblischer Begriff und deswegen frage ich mich, was du genau damit meinst?

VIELE INTERPRETIEREN BZW. BETITELN IHR TÄGLICHES BIBELLESEN ALS STILLE ZEIT, ALSO DAS TÄGLICHE...

Also bei mir war das zum Beispiel nicht so, da war Bibel lesen nicht Teil der Stillen Zeit. Bei der ersten Glaubenslehrenrichtung, aus der ich kam, war Stille Zeit die Zeit, in der ich mit Gott rede. Als nächstes kam dann dazu, dass man das mindestens eine Stunde am Tag machen sollte.

Claas P. Jambor, Singer/Songwriter

mein ziel ist es natürlich eigentlich in irgendeiner art und weise **ununterbrochen zeit mit gott** zu verbringen.

Ich versuch mein ganzes Leben irgendwie mit Gott zu verbringen. Ich versuche, auch wenn ich auf dem Klo sitze, Zeit mit Gott zu verbringen. Mal ganz bescheuert gesagt, sogar wenn ich liege, verbringe ich Zeit mit Gott.

Oft muss ich gestehen, weiß ich gar nicht, dass ich sündige, weil ich oft Sachen aus Gewohnheit tue und ich merke dann erst später: „Oops, was habe ich denn da gerade getan" und „Das war ja vielleicht total ätzend." Mein Ziel ist es natürlich, eigentlich in irgendeiner Art und Weise ununterbrochen Zeit mit Gott zu verbringen. Irgendwann hat mal ein cleverer Mensch gesagt:

> „es ist **selten**, dass ich mal eine halbe stunde **am stück** bete."

Es gibt aber selten eine halbe Stunde, in der ich nicht bete. Ich glaube, es geht eher darum, dass man einen natürlichen Umgang in der Kommunikation findet, der auch dem Individuum entspricht. Einige Leute reden da flapsiger, andere Leute reden da respektvoller, andere Leute reden laut, andere Leute denken.

Ich hatte mal eine Diskussion mit einem Pastor. Er meinte, dass man auf jeden Fall laut zu Gott beten müsste, vor allem wenn es darum geht, irgendwie im Namen Jesu zu proklamieren, weil ansonsten der Feind deine Gedanken nicht hört.

Ich dachte: „Das heißt, wenn ich jetzt taubstumm wäre, dürfte ich das nicht?" Das sind einfach logische Lücken von irgendwelchen Konzepten, die die Leute irgendwo raussuchen. Ich denke: „Leute, seid doch mal dumm! Mach das doch einfach so mit Gott und deiner Beziehung zu ihm, wie es sich halt entwickelt."

Das ist ja so ähnlich, wie wenn man einem Ehepaar vorschreibt, wie sie miteinander reden sollen. Das sollen die Leute doch bitte selber entscheiden! Wie ein Ehepaar, deren Datezeiten bestimmt, ob die sagen: „Ja, wir arbeiten soviel, dass wir uns die Wochenenden frei nehmen und wegfahren" oder „Wir arbeiten zusammen und deswegen müssen wir nicht zusammen wegfahren, weil man Zeit voneinander getrennt braucht", dass entzieht sich ja meiner Verantwortung. Das ist ja das Bier des Ehepaares.

Ich glaube, das ist genauso, wie mit der Beziehung zu Gott. Das muss einfach eine lebendige Sache sein. Jeder muss das für sich entdecken!

KANNST DU DIR VORSTELLEN, MACHST DU DAS VIELLEICHT AUCH AB UND ZU, DURCH LIEDER DEN KONTAKT MIT GOTT AUFZUNEHMEN?

Viel. Sehr viel. Also ich habe das eine Weile sehr konstant gemacht und sogar vielleicht meine Kommunikation darauf konzentriert. Es gab eine Phase in meinem Leben, wo ich mich einfach zurückgezogen habe in irgendeinem Raum, wo ein Klavier stand. Dort habe ich einfach ein paar Stunden Klavier gespielt. Da war dann bei mir musikalischen Ursprungs spontan Text, da sind nicht unbedingt Lieder draus erwachsen, die man heute singt. Das gibt es auch. Klar. Aber nicht unbedingt aus dieser Phase heraus. Diese Phase war wirklich einfach nur zwischen mir und Gott. Das hatte nichts mit etwas anderem zu tun.

Heute ist das für mich ein bisschen schwieriger, weil mir das zu professionell geworden ist. Da ist es schwer, irgendwie den Kopf auszuschalten, wenn man Songwriter geworden ist. Gerade Anbetung ist ja ein ganz, ganz starkes Format, wo es gerade in Amerika um sehr viel Geld geht. Das ist ganz strengen Richtlinien unterzogen, damit es marktkonform ist und somit auch weltweit funktioniert.

Dadurch wurde das ein bisschen getrübt für mich, deswegen habe ich mich eine Weile lang gerne in eine katholische Messe gesetzt. Dort konnte ich Gott anbeten, nicht durch musikalischen Ausdruck, sondern durch Ausdruck des Staunens über die Schönheit der Kathedrale, die irgendjemand mal mit viel mehr Arbeitsaufwand gebaut hat, als jemand ein Lied schreibt, welches man dann singt. Dann sitzt man einfach so aus Ehrfurcht da und philosophiert in irgendeiner Form über die Größe Gottes oder wahrscheinlich eher nur einen Bruchteil davon. Wenn man zum Beispiel in den Berliner oder Kölner Dom geht und sich da hin setzt, denkt man sich einfach „Wow, Wahnsinn!". Ich lese die Bibelgeschichten an der Wand und rate, was das überhaupt sein könnte. Ich weiß noch: Irgendwann hab ich mal im Berliner Dom einen von den Pfarrern beiseite genommen und gefragt: „Die Geschichte raff ich, diese nicht. Was ist das?" Wir haben ewig herumgerätselt, denn er wusste es selber nicht, welche Geschichte das sein sollte, bis wir sie dann irgendwann gefunden haben. Also es gibt natürlich auch da verschiedene Ausdrucksformen.

DAS WAR JETZT DER EINE WEG ZU GOTT. HAT GOTT AUCH MAL DURCH MUSIK ZU DIR GESPROCHEN? WENN JA, MAGST DU DA EIN BEISPIEL GEBEN?

Ja, auch das natürlich. Also selbstverständlich gibt es immer wieder die Sache, dass es einzelne Textzeilen aus Liedern gibt, die einen wahrscheinlich jahrzehntelang verfolgen. Keith Green habe ich damals als Teenager gehört, das ist so ein radikaler Klaviermissionar. Ich glaube aber auch, dass Gott sich durch andere Kunstformen zum Ausdruck bringen kann und zur Not, habe ich mal irgendwo gelesen, durch einen Esel (lacht).

HAST DU/MAGST DU UNS EIN BEISPIEL GEBEN, WIE GOTT SCHON EINMAL ZU DIR GESPROCHEN HAT?

Also oft spricht Gott durch Umstände zu mir. Zum Beispiel hat er mich einfach gezwungen, in eine Richtung zu gehen, weil was anderes nicht geklappt hat. Ich bin immer mit einem Dickkopf gegen die Wand gerannt, bis ich dann irgendwann nach links gefallen bin, weil ich nicht mehr konnte. Doch dort war die Tür offen. Ach auf jeden Fall. Gott redet manchmal sehr, sehr laut und klar. Ich hab dann auch das Gefühl, dass es wirklich eine Stimme ist, die ich in meinem Kopf höre. Ich bin da immer so ein bisschen zurückhaltend, das zu sagen, weil das immer so ein bisschen psycho klingt. Diese Stimme sagt mir zum Beispiel nicht, dass ich Menschen umbringen soll.

Das ist schon mal ganz wichtig! Sie sagt natürlich eher Sachen, wo ich denke: „Ja okay, das ist eine Gnadenbotschaft bzw. eine Liebesbotschaft." Auf der anderen Seite hab ich das Gefühl, dass Gott sich manchmal sehr viel mehr Zeit mit dem Reden lässt, als ich mir das wünsche. Ich hab mich zum Beispiel am meisten in meinem Leben, ohne Witz, wenn es um das Reden Gottes geht, über T-Kreuzungen aufgeregt. Also mit T-Kreuzung meine ich, wenn man irgendwo eine Straße lang fährt und es nur noch nach rechts oder links geht. Ich spreche jetzt tatsächlich nicht nur sprichwörtlich, wenn man sich im Leben irgendwie zwischen links und rechts entscheiden muss, sondern auch ganz real.

gott redet manchmal sehr, sehr laut und klar

Wenn ich irgendwo, vor der Zeit des Navis, auf eine Straße langgefahren bin und auf eine T-Kreuzung zu kam, war ich meist schon zu spät zu irgendeinem Konzert und diese T-Kreuzung war auf meiner Wegbeschreibung nicht drauf, dann ging es nur nach rechts oder links. Dann sagte ich:

„Gott, wenn du jetzt reden kannst und Leuten offensichtlich die Offenbarung in all ihren Details diktierst , dann ist es doch jetzt bitte nicht zu viel verlangt, mir irgendwie ein „L" oder ein „R" rüber zu schicken, das wäre jetzt eigentlich ganz geil!";

aber es kam irgendwie nie. Ich habe mich darüber jahrelang aufgeregt, bis ich mal an ein Schild gefahren bin, ich weiß nicht mehr genau, welche Stadt das war, aber nehmen wir mal einfach Hamburg, da stand links Hamburg 10km und rechts Hamburg 20km. Wenn ich in dem Moment darüber nachdenke, ist es ja auch irgendwie im Leben so, wenn es dann tatsächlich vielleicht keine Antwort gibt. Ich komm vielleicht links schneller an, aber rechts sehe ich mehr vom Weg und ob das jetzt so wichtig ist, dass ich links oder rechts abbiege, weiß ich nicht. Bei dem einen Weg komme ich vielleicht schneller an, aber bei dem anderen Weg komme ich mit mehr Erfahrung an. Ich glaube, Gott hat viel weniger Angst vor „TRY and ERROR" als wir immer denken.

GIBT ES EINE ART, AUF DIE DU GOTT VIELLEICHT NOCHMAL ERLEBEN WÜRDEST?

Puh... Ja... Klar! Also ich komm aus einer charismatischen Generation, die sich danach gesehnt hat, dass irgendwie Leute aus Rollstühlen aufspringen, die Blinden sehen und die Toten auferstehen. So wie du es formuliert hast, wie ich Gott gern nochmal erleben möchte: Ja, das würde ich natürlich gern nochmal sehen, wie so was passiert.
Auf der anderen Seite, wenn das nie passiert, dann macht das auch nichts, weil ich dieses hinter spektakulären Sachen herrennen irgendwie leid bin. Auch da glaub ich wieder, dass mit diesen Geschichten fast mehr Leid angerichtet wurde, weil Leute so unter Druck gesetzt wurden, mit „Ich genüge nicht, weil ich nicht genug Glauben habe" oder „Ich genüge nicht, weil ich nicht genug bete" oder „nicht genug faste" oder „nicht genug Geld spende" oder was auch immer. Damit wurde früher mehr Schaden angerichtet, als dass Leute ermutigt wurden.

IN WELCHER KÖRPERHALTUNG BETEST DU ZU GOTT?

Absolut Irrelevant! Also da frage ich mich gerade, ob es irgendeine Körperhaltung gibt, die ich zwar einnehmen kann, aber nicht benutzt habe (lacht).

DANKE CLAAS, FÜR EINEN EINBLICK IN DEINE STILLE ZEIT.

ich glaube,
gott hat viel weniger
angst vor
try and error
als wir immer denken

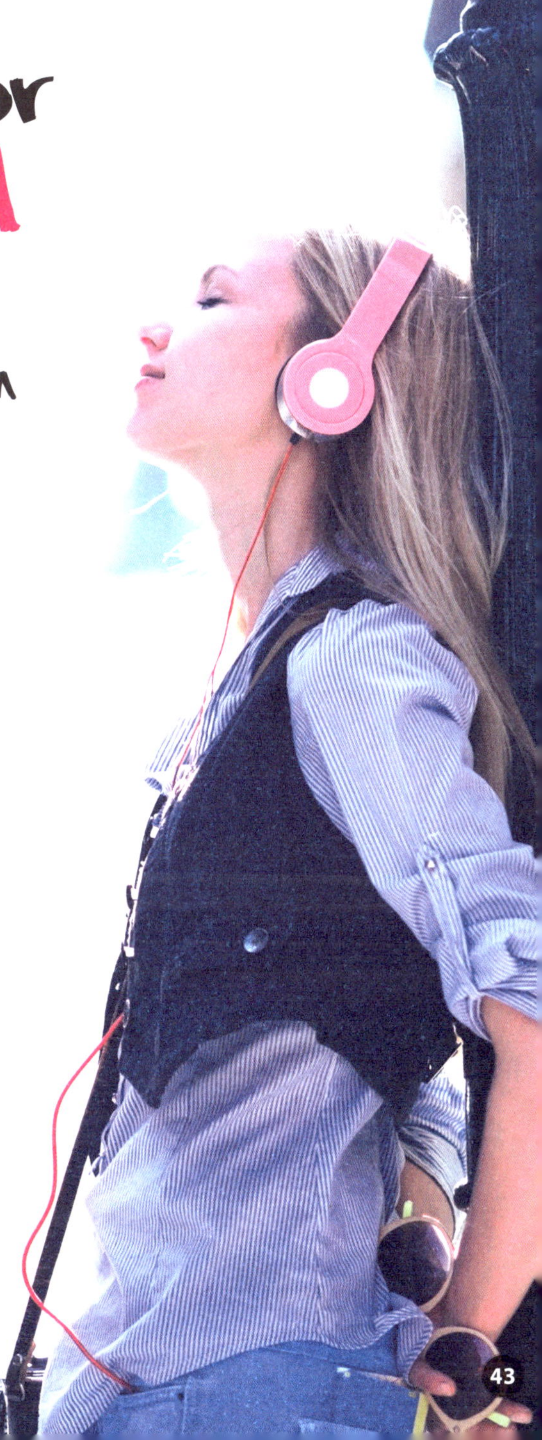

website
von claas

verabredung mit gott

Wir wollen zur nächsten Grundlage der Stillen Zeit kommen: Die Verabredung mit Gott. Wir haben schon über Ort und Zeit der Stillen Zeit geredet. Doch wie kann man eine Verabredung mit Gott praktizieren? Ganz einfach! Überleg mal, wie du eine Verabredung mit einem Freund praktizierst. Genauso geht das auch mit Jesus.

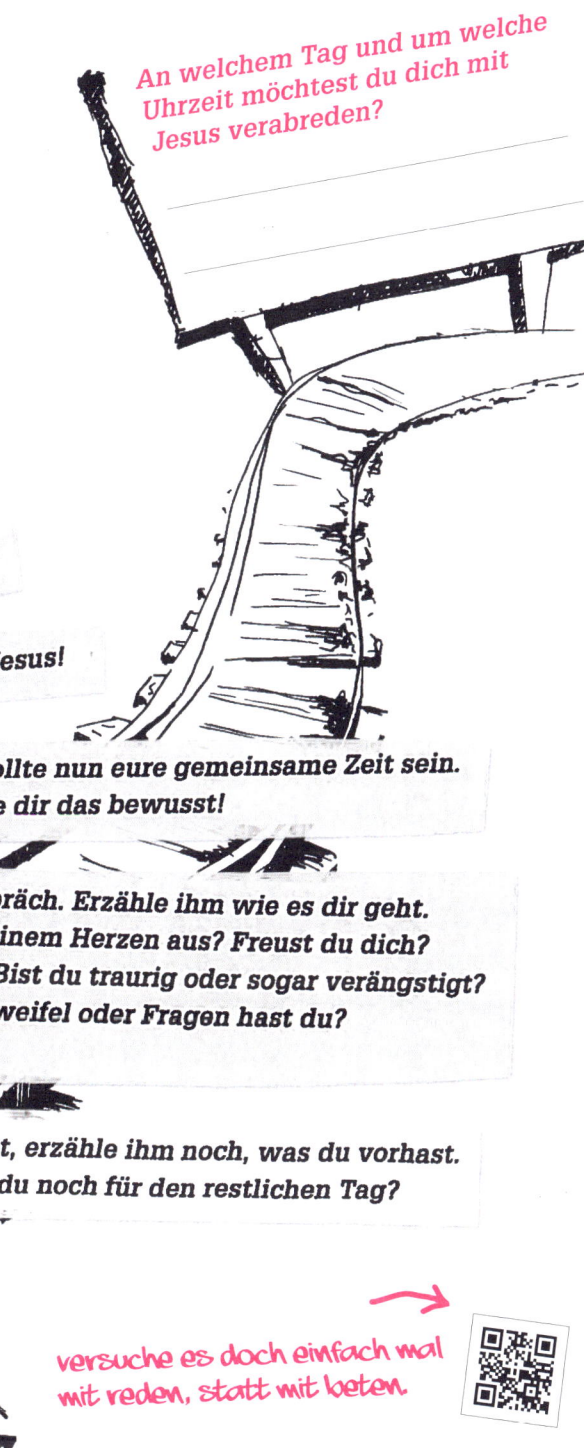

An welchem Tag und um welche Uhrzeit möchtest du dich mit Jesus verabreden?

★ Lade Jesus ein!

★ Begrüße Jesus!

★ Das sollte nun eure gemeinsame Zeit sein. Mache dir das bewusst!

★ Beginne das Gespräch. Erzähle ihm wie es dir geht. Wie sieht es in deinem Herzen aus? Freust du dich? Ärgerst du dich? Bist du traurig oder sogar verängstigt? Welche Sorgen, Zweifel oder Fragen hast du? Erzähl ihm alles!

★ Wenn du fertig bist, erzähle ihm noch, was du vorhast. Was genau planst du noch für den restlichen Tag?

versuche es doch einfach mal mit reden, statt mit beten.

an gott schreiben

Du hast gelernt, wie du Gott einladen und dich mit ihm verabreden kannst. Wenn dir das irgendwie nicht zusagt, kannst du auch folgendes ausprobieren, um mit Gott Kontakt aufzunehmen: Schreibe jedes Jahr einen Brief an Gott.

WIE GEHT DAS?

Wem das Sprechen zu Gott nicht unbedingt liegt, kann auch seine Gedanken und Gefühle auf ein Stück Papier bringen. Schreibe zu Gott so, als würdest du zu einem Freund schreiben. Berichte Gott einfach alles, worüber du gerade nachdenkst oder was Dir auf dem Herzen liegt. Schreibe auf, wofür du Gott danken möchtest und welche Bitten du für das kommende Jahr hast. Wenn du fertig bist, bewahre den Brief ein Jahr lang auf. Erst dann öffne ihn und schau, was sich in der Zwischenzeit getan hat.

Denk eine Weile darüber nach. Sei nicht enttäuscht, wenn einige Bitten nicht erfüllt wurden, vielleicht war es noch nicht an der Zeit. Du wirst dich sicherlich wundern, denn vieles, was du am Jahresanfang bittest, passiert auch. Du vergisst aber schnell, was Du alles von Gott erbeten hast und dankst gar nicht dafür. Also ergreife am Jahresende die Chance und danke Gott für die ganzen vergessenen Punkte.

Einiges passiert auch auf Umwegen. Man tut es dann als Zufall ab, aber du wirst erkennen, dass Gott genial plant und deine Bitte eigenartig in Erfüllung ging.

EINE ANDERE MÖGLICHKEIT WÄRE,

den Brief einfach zu verbrennen statt aufzubewahren. Diese Methode habe ich schon einmal angewandt. Es kann einfach helfen, einem klar zu machen, dass man seine Sorgen in diesem Moment an Gott abgegeben hat. Eine letzte Möglichkeit, die ich auch ebenfalls auf einer Freizeit kennenlernen durfte, funktioniert so: Baue dir ein Kreuz und hänge anschließend deinen Brief daran. Entdecke für dich, welche Methode dir am besten liegt und wie es dir am leichtesten fällt, Gott zu begegnen. Wichtig ist, dass du weißt, auch wenn du „nur" schreibst, dass Gott dein Brief liest! Kennst du noch weitere Methoden, die man anwenden kann?

PS: Eine Empfehlung meinerseits zu diesem Thema wäre das Buch oder der Film „Briefe an Gott".

buch

film

wie redet gott?

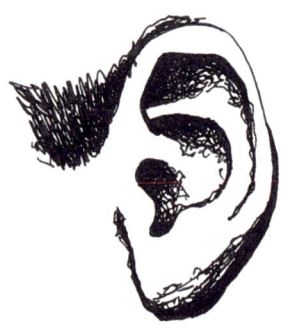

Wie kann Gott zu uns reden? Wir wollen uns darauf konzentrieren, Gott zuzuhören. Demnach werden wir die Stimme Jesu kennenlernen.

Wende dich an mich und ich werde dir antworten! Ich werde dir große Dinge zeigen, von denen du nichts weißt und auch nichts wissen kannst.
(Jeremia 33,3)

Nun wie redet Gott? Gott kann ganz unterschiedlich zu dir reden. Ich möchte dir einige Beispiele anhand der Bibel geben.

GOTT KANN DURCH TRÄUME REDEN

Noch während er nachdachte, erschien ihm im Traum ein Engel Gottes und sagte: „Josef, du Nachkomme Davids, zögere nicht, Maria zu heiraten! Denn das Kind, das sie erwartet, ist vom Heiligen Geist. Sie wird einen Sohn bekommen, den sollst du Jesus nennen. Denn er wird die Menschen seines Volkes von ihren Sünden befreien. (Matthäus 1,20–21)

Im Traum befahl ihnen Gott, nicht mehr zu Herodes zurückzugehen. Deshalb wählten sie für ihre Heimreise einen anderen Weg. (Matthäus 2, 12)

GOTT KANN AUCH DURCH ENGEL REDEN

Da erschien ihm der Engel des Herrn und sagte: „Der Herr steht dir bei, du starker Kämpfer! (Richter 6, 12)

Doch der Engel sagte zu ihm: „Fürchte dich nicht, Zacharias! Gott hat dein Gebet erhört […]. (Lukas 1, 13)

GOTT KANN DURCH VISIONEN REDEN

Gleichzeitig hörte ich, wie eine Stimme vom Ulai-Kanal ihm zurief: „Gabriel, erkläre du ihm die Vision!" Der Engel trat ganz nahe an mich heran. Ich erschrak und fiel vor ihm zu Boden. Er aber sagte zu mir: „Du Mensch, hör genau zu: Dir wurde vor Augen geführt, was die kommenden Generationen erleben werden." [...] Hör zu, Daniel! Alles, was du über die 2300 Tage erfahren hast, wird eintreffen. Behalte die Vision genau im Gedächtnis! Denn es dauert noch lange, bis sie sich ganz erfüllt hat."
(Daniel 8, 16–26)

GOTT KANN LAUT REDEN

Am Abend, als ein frischer Wind aufkam, hörten sie, wie Gott, der Herr, im Garten umherging. Ängstlich versteckten sie sich vor ihm hinter den Bäumen. Aber Gott rief: „Adam, wo bist du?" Adam antwortete: „Ich hörte dich im Garten und hatte Angst, weil ich nackt bin. Darum habe ich mich versteckt." „Wer hat dir gesagt, dass du nackt bist?", fragte Gott. „Hast du etwa von den verbotenen Früchten gegessen?" „Ja", gestand Adam, „aber die Frau, die du mir gegeben hast, reichte mir eine Frucht - deswegen habe ich davon gegessen!" „Warum hast du das getan?", wandte der Herr sich an die Frau. „Die Schlange hat mich dazu verführt!", verteidigte sie sich.

Da sagte Gott, der Herr, zur Schlange: „Das ist deine Strafe: Verflucht sollst du sein – verstoßen von allen anderen Tieren! Du wirst auf dem Bauch kriechen und Staub schlucken, solange du lebst! Von nun an werden du und die Frau Feinde sein, auch zwischen deinem und ihrem Nachwuchs soll Feindschaft herrschen. Er wird dir den Kopf zertreten, und du wirst ihn in die Ferse beißen!"

Dann wandte Gott sich zur Frau: „Du wirst viel Mühe haben in der Schwangerschaft. Unter Schmerzen wirst du deine Kinder zur Welt bringen. Du wirst dich nach deinem Mann sehnen, aber er wird dein Herr sein!"

Zu Adam sagte er: „Deiner Frau zuliebe hast du mein Verbot missachtet. Deshalb soll der Ackerboden verflucht sein! Dein ganzes Leben lang wirst du dich abmühen, um dich von seinem Ertrag zu ernähren. Du bist auf ihn angewiesen, um etwas zu essen zu haben, aber er wird immer wieder mit Dornen und Disteln übersät sein.

Du wirst dir dein Brot mit Schweiß verdienen müssen, bis du stirbst. Dann wirst du zum Erdboden zurückkehren, von dem ich dich genommen habe. Denn du bist Staub von der Erde, und zu Staub musst du wieder werden!"
(1. Mose 3, 8–19)

wie redet gott?

GOTT REDET DURCH PROPHETEN

Da gingen der Priester Hilkija, Ahikam, Achbor, Schafan und Asaja zu der Prophetin Hulda, um mit ihr zu sprechen. Ihr Mann Schallum, ein Sohn Tikwas und Enkel Harhas, verwaltete die Kleiderkammer. Sie wohnte im neuen Stadtteil von Jerusalem. Hulda gab der Gesandtschaft eine Botschaft des Herrn für König Josia. Sie sagte: „So spricht der Herr, der Gott Israels: ‚Alles, was in dem Buch steht, das der König von Juda gelesen hat, wird eintreffen! Das dort angedrohte Unheil will ich über die Stadt und ihre Einwohner hereinbrechen lassen. [...] (2. Könige 22, 14–20)

Das waren nur einige Beispiele, natürlich gibt es noch viel mehr Wege (durch Umstände, Menschen, Natur, Musik...), wie Gott zu uns sprechen kann. Wir müssen nur lernen, Gottes Stimme herauszuhören. Irgendwer sagte mal zu mir: „Wie willst du Gott hören, wenn du Kopfhörer aufhast?" Das fand ich ein ziemlich cooles Beispiel dafür, dass wir oft einfach viel zu beschäftigt sind mit ganz vielen Sachen und einfach gar keine Zeit haben, Gott zu hören. Also Kopfhörer mal abnehmen und die Musik Gottes hören. Das wichtigste ist, dass du es einfach mal ausprobierst. Denn wenn man Gott noch nicht reden gehört hat, kommt es einem ziemlich seltsam vor.

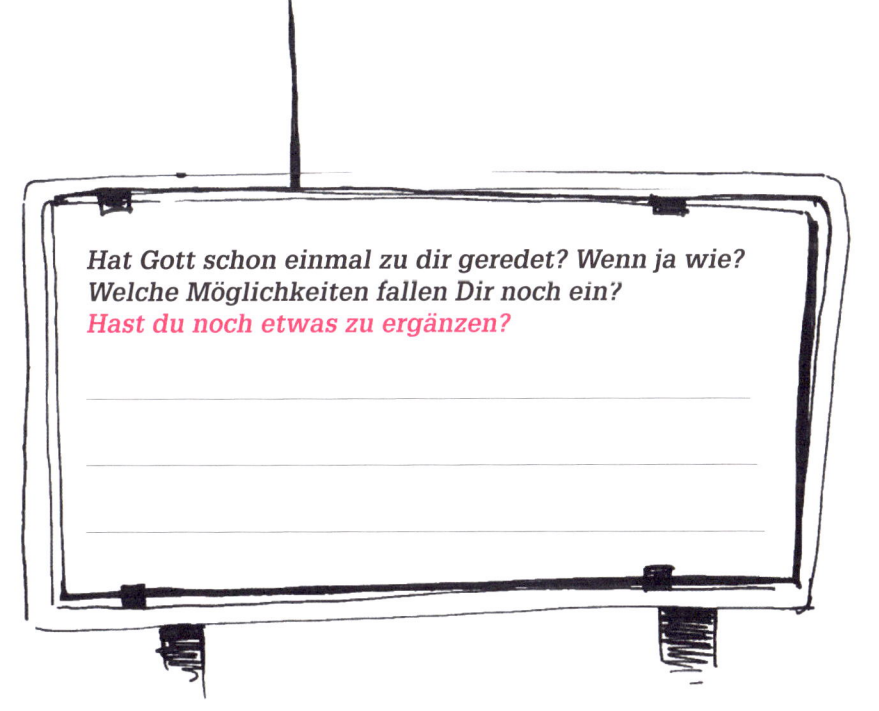

★ Suche Dir ein stilles Plätzchen

★ Sage Gott, was dich gerade beschäftigt

★ Was erwartest du von Gott?

★ Habe Stift und Papier dabei, kann immer mal sein, dass dir was einfällt, was du aufschreiben möchtest.

★ Hab Geduld! Nicht immer antwortet Gott sofort.

Hat Gott schon einmal zu dir geredet? Wenn ja wie?
Welche Möglichkeiten fallen Dir noch ein?
Hast du noch etwas zu ergänzen?

a.b.b.a. gebet

Das Wort Abba bedeutet aus dem Aramäischen übersetzt so viel wie Papa. Es kann uns daran erinnern, dass wir einen himmlischen Papa haben. Doch Abba kann noch viel mehr bedeuten. Das kann uns in unserer Stillen Zeit vielleicht helfen. Abba ist eine Abkürzung für die vier Worte: Anbeten, Bekennen, Bedanken und Anliegen.

Hier ist die Gebetsreihenfolge quasi festgelegt. Dies kann helfen, vor lauter Danken und Bitten, das Bekennen deiner Schuld nicht zu vergessen. Egal, ob dir diese Methode zusagt oder eher nicht, möchte ich versuchen, die vier Worte anbeten, bekennen, bedanken und anliegen zu erläutern.

Kommt, lasst uns anbeten und knien und niederfallen vor dem Herrn, der uns gemacht hat. (Psalm 95,6)

Anbetung beinhaltet Lobpreis und die Verehrung Gottes. Dadurch drücken wir Gott unsere Wertschätzung aus, was er für uns getan hat. Du kannst Gott mit deinen eigenen Worten anbeten oder aber du nimmst die Bibel zu Hilfe und verwendest Namen und Eigenschaften für Gott, die von früheren Anbetern benutzt wurden. Es ist im Grunde genommen egal, für welche Möglichkeit du dich entscheidest. Das wichtigste ist, dass es vom Herzen kommt.

HIER EINIGE BEISPIELE, DIE GOTT BESCHREIBEN

* *Ich bin der Herr, dein Gott, der ich dich aus Ägyptenland, aus der Knechtschaft, geführt habe. (2.Mose 20,2)*
* *Denn er ist mein Fels, meine Hilfe, mein Schutz, dass ich gewiss nicht fallen werde. (Psalm 62,3)*
* *„Ein Gebet des Mose, des Mannes Gottes." Herr, du bist unsre Zuflucht für und für. (Psalm 90,1)*
* *Siehe, Gott ist groß in seiner Kraft; wo ist ein Lehrer, wie er ist? (Hiob 36,22)*
* *Seid barmherzig, wie auch euer Vater barmherzig ist. (Lukas 6,36)*
* *Und der Herr ging vor seinem Angesicht vorüber, und er rief aus: Herr, Herr, Gott, barmherzig und gnädig und geduldig und von großer Gnade und Treue. (2. Mose 34,6)*

Das waren nur einige, es gibt noch viel mehr Beschreibungen in der Bibel, wie Gott ist. Schau doch einfach selbst mal nach.

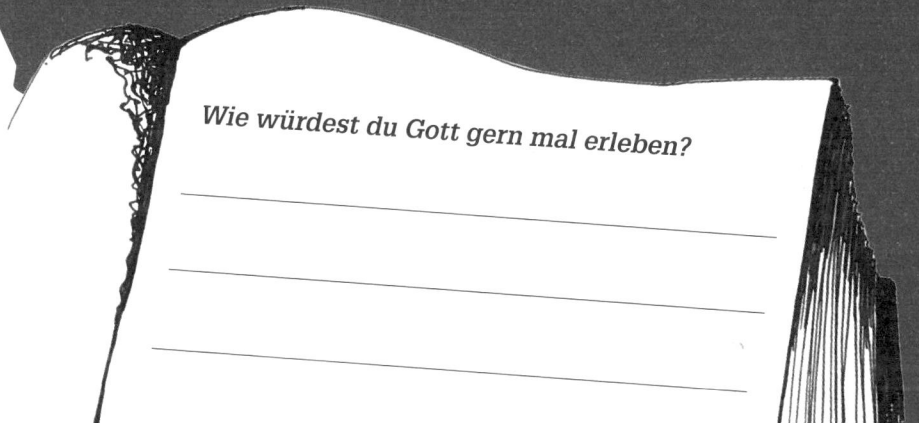

Wie würdest du Gott gern mal erleben?

_____

_____

_____

beken

Wenn wir aber unsre Sünden bekennen, so ist er treu und gerecht, dass er uns die Sünden vergibt und reinigt uns von aller Ungerechtigkeit.
(1. Johannes 1, 9)

Beim Bekennen geht es darum, deine Sünden vor Gott zu bringen. Was könnten Sünden sein? Vielleicht hast du mit folgender Schuld zu kämpfen und suchst dafür Vergebung?

★ Unglaube
★ Gott nicht als persönlichen Gott anerkennen
★ Lebensplanung ohne Gott
★ Andere Dinge wichtiger nehmen als Gott
★ Sich nicht auf Gott verlassen
★ Unzufriedenheit
★ Nörgelei
★ Eigensinn
★ Ärger
★ Ungeduld
★ Diebstahl
★ Neid
★ Eifersucht
★ Lügen

Natürlich gibt es noch viel mehr Sachen, aber dies würde hier den Rahmen sprengen. Wichtig für dich ist an dieser Stelle, dass du mit Gott darüber sprichst, egal welche Last du mit Dir rumschleppst, denn er kann dich von dieser Last befreien.

Gibt es etwas, das dich belastet?

bedanken

Wenn wir unser Leben betrachten, dann gibt es sehr viele Selbstverständlichkeiten, für die wir Gott dankbar sein können. Es sind alles Segnungen, die Gott uns getan hat. Wir können immer für vieles dankbar sein. Sprich mit Gott über alles, wofür du dankbar bist. Um nicht zu vergessen, für was du dankbar sein könntest. Lege dir doch ein Buch zu, in welches Du mit reinschreibst, wofür du dankbar bist. Dann ist sichergestellt, dass du auch kein Anliegen vergisst.

anliegen

Bittet, so wird euch gegeben;
suchet, so werdet ihr finden;
klopfet an, so wird euch aufgetan.
Denn wer da bittet, der empfängt
und wer da sucht, der findet; und
wer da anklopft, dem wird aufgetan.
(Matthäus 7,7-8)

Beim Anliegen geht es darum, alles, was dir wichtig ist, vor Gott zu bringen. Vielleicht bittest du Gott darum, dass du eine gute Begegnung mit einem Menschen bekommst, mit dem du gut reden kannst. Es könnte aber auch sein, dass du demnächst eine lange Fahrt vor dir hast und du dir von Gott Bewahrung wünschst, dass du heil an deinem Zielort angelangst. Manchmal kommt es auch vor, dass andere Leute auf dich zukommen und dich bitten, für Sie zu beten, weil sie es vielleicht gerade nicht können. Auch sowas solltest du dir zu Herzen nehmen und ihre Anliegen zu Gott bringen.

Wem hast du wann zuletzt versprochen, für diesen Menschen zu beten? Vielleicht ist es jetzt an der Zeit?

_____

_____

_____

_____

_____

betende körperteile

Ich kannte es bislang immer, dass man sitzt und die Hände faltet, wenn man beten möchte. Somit sind bisher nur meine Hände zum Einsatz gekommen, wenn es um das Gebet ging. Aber es gibt durchaus noch andere Körperteile an unserem Körper. Hast du schon einmal erlebt, dass Menschen auf eine dir eher fremde Art und Weise beten?

Ich schon und ich muss sagen, ich fühle mich immer und immer wieder komisch dabei. Mir ist es einfach total fremd, wenn ich Menschen so sehe und manchmal überkommt mich auch sowas wie Scham. Doch warum eigentlich? Welche Haltungen es generell beim Beten gibt, möchte ich dir zeigen. Je nachdem, in welche Gemeinde du gehst, wird dir die eine Gebetshaltung vertraut vorkommen und die anderen eher fremd. Wichtig ist, dass du deine eigene Haltung findest, die deine Beziehung zu Gott zum Ausdruck bringt. Es bringt dir nicht viel, wenn du die anderen Leute einfach nachahmst.

STIMME Mit der Stimme hast du zweierlei Möglichkeiten. Zum einen kannst du im Gespräch zu Gott kommen. Zum anderen kannst du zu ihm singen. Das mag ich sehr gerne. Einfach mal eine Lobpreis-CD einschmeißen und mitsingen. Einfach toll!

AUGEN Vor kurzem weinte ich so viel und so stark, dass ich dadurch zu Gott gebetet habe. Ich finde, wenn man weint, betet man aus tiefstem Herzen zu Gott.

KOPF Wer sagt eigentlich, dass man seinen Kopf nach unten neigen soll? Schon mal probiert aufrecht und mit dem Kopf nach oben zu beten?

MUNDWINKEL Ich kenne eine Person, die während des Betens einfach vor sich hinlächelt. Vielleicht denkt sie an etwas Besonderes, während sie betet? Genau weiß ich das nicht, aber warum lächeln wir nicht einfach mal mit Gott zusammen?

BRUST Manche Menschen symbolisieren durch Handbewegungen das Kreuz vor ihrem Körper. Dieses symbolische Kreuz soll ein Zeichen für Schutz darstellen. Diese Menschen machen sich bewusst, dass ihnen nichts passieren kann, was Jesus nicht zulässt. Es gibt ihnen Kraft zu wissen, dass Jesus hinter Ihnen steht.

HÄNDE Früher war ich öfter mal auf Freizeiten und dort klatschten wir während des Lobpreises. Wenn man klatscht, will man damit ausdrücken, dass einem etwas besonders gut gefällt. Klatschst du für Jesus?

ERHOBENE HÄNDE Eine Art zu beten, mit der ich eher nicht so in Einklang komme, dennoch ist es für einige unterstützend, seine Hände während des Betens zu erheben. Diese Menschen wollen damit zeigen, dass sie Sehnsucht danach haben, etwas von Gott zu empfangen.

KNIE Ein Kumpel von mir kniet sich öfters während des Gebets hin, um seine Anbetung auszudrücken oder seine Bitten vor Gott zu bringen. Vielleicht auch etwas für dich?

FÜSSE Vor einer Weile ging ich in einen Gottesdienst und da passierte etwas, aus meiner Sicht gesehen, Verrücktes. Die Personen standen zum Lobpreis auf und fingen an zu tanzen. Man konnte ihnen förmlich zusehen, wie sie sich freuten. Das fand ich interessant. Hast du schon einmal für Gott getanzt?

RÜCKEN & GESÄSS Wenn du zur Ruhe kommen willst, eignet es sich am besten, sich hinzusetzen oder hinzulegen. Denn dann kannst du richtig loslassen und still werden.

Es gibt bestimmt noch mehr Arten, wie man mit dem Körper beten könnte. Aber egal wie du betest, Gott schaut in dein Herz und weiß wie es dir geht!

wachstum

NUN SOLL ES UMS WACHSEN GEHEN.
Ums Wachsen? Also darum, wie wir größer werden? Oder wie unsere Haare wachsen oder doch eher wie eine Pflanze wächst? Versucht es mal selbst herauszufinden. Ich besorgte mir also etwas aus dem Baumarkt. Dieses Etwas war ziemlich klein. Dazu kaufte ich mir noch einen Topf mit Erde. Nun liegt es ziemlich auf der Hand, dass dieses Etwas ein winzig, kleines Samenkorn war, das ich mir zulegte. Gut, aber was hat nun ein Samenkorn, ein Topf mit Erde und das Thema Wachsen mit dem eigentlichen Thema Stille Zeit zu tun?

WAS PASSIERT MIT DEM SAMEN, wenn er eingepflanzt wurde? Richtig! Dieser Samen wächst zu einer Pflanze heran. Sie kommt aus dem dunklen, kalten Boden in ein neues, schönes erhelltes und warmes Leben. Genauso kannst auch du Licht in deine Ängste und deinen Schmerz bringen. Bitte Gott einfach in deiner Stillen Zeit darum, dass er dir hilft, deinen Schmerz mit Liebe zu befüllen.

Passt auf, was ich jetzt sage: Wenn man ein Korn von einer Weizenpflanze nicht in die Erde eingräbt und es damit tötet, dann kann daraus nichts Neues wachsen. In der Erde aber keimt es, und dann wächst da draus eine neue Pflanze, mit vielen neuen Körnern dran.
(Johannes 12, 24)

WICHTIG IST, dass du weißt, dass nicht alles sofort passiert, sondern einiges ein Stück Geduld braucht. Oder hast du schon einmal eine Pflanze gesehen, die von jetzt auf gleich gewachsen ist? Also, wenn dir dieses Beispiel gefällt, dann fahr in den Baumarkt, hol dir einen Samen und ein bisschen Erde, pflanze den Samen und beobachte, wie daraus neues Leben wird. Dann wirst du immer daran erinnert werden, dass Gott dir deinen Schmerz nehmen kann und dich mit Liebe befüllen kann, du musst ihn nur drum bitten.

Nimm dir mal so ein **SAMENKORN** und schau es einfach nur an. Nun stell dir vor, dass dieses kleine Ding sich mit der Zeit verändern wird, denn aus diesem kleinen Samenkorn entsteht neues Leben. Natürlich entsteht kein neues Leben vom bloßen Angucken und Halten dieses Samenkorns.

DAZU GEHÖRT SCHON ETWAS MEHR. Damit dieses Samenkorn wachsen kann, muss es in die kalte und dunkle Erde hineingepflanzt werden. Parallel dazu gibt es auch ab und an dunkle Stellen in unserem Leben. Da ist einfach nichts, was hell ist und uns Wärme gibt. Das können verschiedene Gründe sein, wie zum Beispiel Ängste, Zukunftssorgen oder Schmerzen.

alles h

seine

Ze

Vgl. Prediger 3,1

– auch deine Stille Zeit.

ich sage danke

Diese Seite möchte ich nutzen, um einigen Leuten zu danken, die mich dabei unterstützt haben, dieses Buch zu verwirklichen.

Beginnen möchte ich mit meinem **MANN**. Danke, dass du hinter all meinen verrückten Ideen stehst. Du unterstützt und motivierst mich in allen Dingen, die ich tue. Ohne dich könnte ich viele Dinge nicht verwirklichen. Du bist derjenige, der mir Mut zuspricht und mich machen lässt. Ich liebe dich!

Bedanken möchte ich mich bei meinen **ELTERN**, die immer hinter mir standen, auch wenn sie sich vielleicht etwas Anderes für mich gewünscht hätten. Dennoch hatte ich die Freiheit, das zu tun, was mir auf dem Herzen lag. Ich danke euch, dass ich immer zu euch kommen kann und dass ihr mir mit Rat und Tat zur Seite steht. Ich bin so froh und dankbar euch zu haben! Ich liebe euch!

Ich möchte meinem **BRUDER** danken, der mir immer wieder aufzeigt, wie die Jugend heute so tickt. Er zeigt mir, was der Jugend wichtig ist und womit sie sich beschäftigt. Das hat mir schon so einige Inspirationen gegeben. Du bist mein kleiner Schatz!

Des Weiteren bedanke ich mich bei meinem jetzigen **TEAM** und auch bei denen, die bereits im Team waren. Ines, Manu, Kevin, Gerhard und Sandra. Ihr seid großartig! Denn ihr versteht die Vision, die ich in meinem Herzen trage und steht komplett dahinter. Danke, dass ihr mich begleitet habt oder noch begleitet.

Ein großer Dank geht an dieser Stelle an meine **GEMEINDE**. Sie nahmen mich ganz frisch Anfang 2015 auf und akzeptierten mich von Beginn an so wie ich bin und mit allem, was ich bin. Sie standen und stehen direkt hinter mir, sowohl bei der Umsetzung des Buches als auch dauerhaft im Gebet. Ich bin dankbar, so viele Leute im Rücken zu haben, das bestärkt mich ungemein. Ihr habt mich dieses Jahr so unglaublich getragen. Danke, dass ihr meine geistige Familie seid!

Erwähnen möchte ich auch **ANDREAS BOPPART**. Du bist für mich immer wieder eine Art Mentor. Auch wenn unsere Treffen sich auf ca. einmal im Jahr beschränken, gibt mir das eine Treffen immer eine unglaubliche Kraft und Ermutigung, dran zu bleiben und weiter zu kämpfen. Du begeisterst mich mit deiner Art, wie du für Jesus brennst. Immer nehme ich was aus unseren Gesprächen mit und bin gestärkt meinen Visionen zu folgen. Danke, dass du dir immer die Zeit nimmst und mir zeigst, wie man groß denkt.

Außerdem bedanke ich mich bei meinen zwei engsten Freunden **KEVIN UND BENNY**. Ihr seid dauerhaft erreichbar und immer für mich da. Ihr seid diejenigen, mit denen ich Sorgen und Zweifel, aber auch Freude und Begeisterung geteilt habe. Benny, du hörst dir pausenlos mein Gequatsche bei langen Spaziergängen an und hast dich noch nie beschwert. Manchmal frage ich mich, wie du das aushältst. Fetten Dank! Kevin, du lässt mich abschalten, du zeigst mir immer wieder, dass es eine Offline-Welt gibt. Ich genieße unsere Ausflüge und die damit verbundenen Gespräche. Ihr beide baut mich auf, wenn ich in einem Tief feststecke und ihr feiert und freut euch mit mir, wenn es was zum Feiern gibt. Danke für eure Unterstützung. Ich liebe euch.

CLAAS, ich danke dir, dass du dieses Buch mit deinem Interview bereichert hast. Ich bin dankbar, dass ich dich kennenlernen durfte und wir immer eine coole Zeit mit dir erleben dürfen. Du bist mittlerweile ein Freund für uns geworden und wir freuen uns über jedes Wiedersehen.

Ein fettes Dankeschön gilt meiner **COMMUNITY**! Ein Dank an die Menschen, die mich auf den sozialen Netzwerken verfolgen. Ein Dank an die Menschen, die meine Beiträge lesen. Danke für alle, die für Meeting Jesus und dieses Buch hier gebetet haben. Danke für die, die alles weitererzählen. Danke für diejenigen, die mitgefiebert und mich ermutigt haben.

Danke für alle, die dieses Buch ermöglicht haben. Danke, dass ihr euch getraut habt, etwas zu unterstützen, was es noch gar nicht gab! Ohne euch wäre dieses Buch nicht entstanden. Ein großes Danke, dass du ein Teil dieses Buches bist! Ich bin unglaublich beeindruckt davon, was man bewegen kann, wenn wir uns zu einer Einheit zusammenschließen, Großartig! **ICH LIEBE EUCH.**

VIELEN DANK ZUSÄTZLICH AN FOLGENDE UNTERSTÜTZER
Glaubensscheune, Philipp Kohli, Natalie König, Patrick Hänle

gott hat einen plan für dich

entdecke noch
weiteres material

**GOTT HAT EINEN
PLAN FÜR DICH**
Gina Lippert
Neuauflage 2013
Flyer

Ich denke, jeder brauchte schon einmal Hilfe. Ob nun in einem schwierigen Fall oder in etwas ganz Banalem. Auch ich brauche ab und zu mal Hilfe. Ich suche meine Hilfe bei Gott, denn Gott ist bei uns und will uns helfen.

über die autorin

MEETING JESUS
Über 1500 Personen gefällt das

ECKDATEN
2010 Gründung
2011 Erster Flyer
2012 Erste Postkarte
2013 Erstes Radio-Interview
2014 Relaunch
2015 Stille Zeit Buch

GINA LIPPERT
27 Jahre, Autorin und Bloggerin.

Seit 2010 befüllt Gina die Website www.meetingjesus.de mit Inhalten, die sich mit ihrem Glauben beschäftigen. Sie schreibt über Erfahrungen mit Gott und ermutigt andere, ihr Glaubensleben zu überdenken. Außerdem studiert sie Theologie an der ISDD Bibelschule und ist verheiratet.